BEI GRIN MACHT SICH IHR WISSEN BEZAHLT

Möglichkeiten, durch Public Anthropology Rassismus in postkolonialen Bezügen sichtbar zu machen

Tanja Mögerle

Bibliografische Information der Deutschen Nationalbibliothek:

Die Deutsche Nationalbibliothek verzeichnet diese Publikation in der Deutschen Nationalbibliografie; detaillierte bibliografische Daten sind im Internet über http://dnb.d-nb.de abrufbar.

ISBN: 9783346334343
Dieses Buch ist auch als E-Book erhältlich.

Druck und Bindung: Books on Demand GmbH, Norderstedt Germany
Gedruckt auf säurefreiem Papier aus verantwortungsvollen Quellen

Das vorliegende Werk wurde sorgfältig erarbeitet. Dennoch übernehmen Autoren und Verlag für die Richtigkeit von Angaben, Hinweisen, Links und Ratschlägen sowie eventuelle Druckfehler keine Haftung.

Das Buch bei GRIN: https://www.grin.com/document/978287

Martin-Luther-Universität Halle-Wittenberg
Philosophische Fakultät I – Seminar für Ethnologie

„Möglichkeiten durch Public Anthropology Rassismus in postkolonialen Bezügen sichtbar zu machen"
Modulleistung: Hausarbeit

eingereicht von: Tanja Mögerle

Studiengang: BA Ethnologie

Modul: Seminar

Lehrveranstaltung: Going public? - Ethnologie an der Schnittstelle von Forschung, Praxis, Politik und Intervention

Semester: 1

Abgabedatum: 24.04. 2020

Gliederung

In diesem Semester beschäftigt sich das Seminar „Der Verborgenheit abgerungen eine Bewegung sichtbar machen" mit der Lebensgeschichte und den philosophischen Arbeiten des Philosophen Dr. Wilhelm Amo, der als erster bekannter Philosoph afrikanischer Abstammung an einer Universität in Deutschland lehrte. Zum Amos Lebzeiten im 18 Jh. waren rassistische Einstellungen und die koloniale Ideologie weitverbreitet. Dies erfuhr Dr. Wilhelm Amo nicht nur durch seine Versklavung als Kind doch auch in seinem späteren Leben als Dozent an der Universität und es war wohl mit ein Grund warum dieser nach Ghana zurückkehrte. Zudem gilt seine Dissertation als frühes Werk antirassistischer Philosophie. So bietet Amos persönlicher und akademischer Lebensweg konkrete Ansatzpunkte um in der geplanten Ausstellung bzw. dem Blog „Thinking with and through Dr. Wilhelm Amo" die rassistischen Anfeindungen mit welchen Amo konfrontiert war zu thematisieren und die Kontinuität von Rassismus und Kolonialgeschichte sichtbar zumachen.

In den Blog bzw. in die Ausstellung sollen ethnographische Beiträge einfließen, welche durch diese öffentlich werden und sogleich einen archivarischen Aspekt darstellen. Aufgrund des Bezugs zur Öffentlichkeit von ethnographischen Beiträgen stellen sich Fragen aus dem Bereich der Public Anthropology, welche durch die mögliche Thematisierung von Rassismus in Verbindung zu Postkolonialen Diskursen stehen. Somit gestaltet sich es interessant der Frage nachzugehen; **Welche Möglichkeiten bietet Public Anthropology Rassismus in postkolonialen Bezügen sichtbar zu machen?**

Zur Beantwortung dieser soll zunächst die Kontinuität von kolonialen Ideologien entstammenden Rassismen deutlich gemacht werden, indem Kolonialismus als herrschaftliches Gewaltverhältnis dargelegt wird, welches sich auf den Rassismus als dessen Legitimationsideologie stützt. Weiter wird mit verschiedenen Beispielen Bezug auf die Kontinuität von Rassismus genommen und darauffolgend der Frage nachgegangen warum sich Rassismus heute fortführt. Folgend soll darauf eingegangen werden wie "Postkolonialität" und die Postkolonial Studies zu dieser Frage in Bezug stehen. Darauffolgend soll die Beziehung vom akademischen Umfeld des postkolonialen Diskursen und der "breiten Öffentlichkeit" thematisiert werden und die Frage nach möglichen Verbindungen behandelt werden. Daran reit sich eine Erläuterung des Nährwerts ethnologischer Methoden bzw. Wissens für die Zugänglichkeit des Postkolonialen Diskurses für außeruniversitäre Öffentlichkeit(en). Fortführend wird dazu auf Ansätze der Diskurstheorie eingegangen. Dazu wird fortführend auf die Wirkung von Konflikt für die Sichtbarkeit postkolonialer Positionen im Diskurs um dies bezüglicher Erinnerungskultur eingegangen. Abschließend sollen in Rückbezug auf die vorangegangen Erläuterungen Möglichkeiten herausgearbeitet werden in Verbindung zu der Arbeit mit dem Blog bzw. der Ausstellung „Thinking with and through Dr. Wilhelm Amo" Rassismus mit postkolonialen Bezügen sichtbar zu machen.

1. „Postkolonialität" und Rassismus

Um die heutigen Postkoloniale Gegenwart zu verstehen und die Kontinuität von Rassismen mit kolonialen Bezügen zu veranschaulichen muss zunächst verdeutlicht werden wie Kolonialherrschaft und Rassismus miteinander verwoben sind.

In dessen 500-jährigen Geschichte durchlief der neuzeitliche Kolonialismus unterschiedliche Phasen und zeigte sich in verschiedensten Formen (vgl. Conrad, Sebastian 2012: 1). Der Prozess der Kolonialisierung beschreibt dabei das Vorgehen der Kolonialisten sich durch Landnahme und Aneignung (vgl. Osterhammel und Jansen 2012: 8) aber etwa auch durch die Etablierung des Kapitalismus als Wirtschaftssystems, die Universalisierung von „westlichen" Werten sowie die Durchsetzung von europäischen Wissen Kolonien aufzubauen (halle postkolonial 2020: 4). Gemein der Phasen und Erscheinungsformen[1] bleibt, dass der Kolonialismus als ein herrschaftliches Gewaltverhältnis wirkt, das nicht ohne Legitimation auskommt (vgl. Hund und Emmernik 2018: 269). „Diese sendungsideologische Rechtefertigungsdoktrinen beruht auf der Überzeugung der Kolonialherren von ihrer eigenen kulturellen Höherwertigkeit" (Osterhammel und Jansen 2012: 20).

Mit dieser rassistischen Geisteshaltung schafften die Kolonialherrschenden hierarchische sozial Verhältnisse weswegen Theodore W. Allen folgert, dass Rassismus nicht nur eine Ideologie sondern auch ein soziales Verhältnis beschreibt, in dem alle Angehörigen der unterdrückten Gruppe zu einem undefinierten sozialem Status reduziert werden, der unter dem aller Angehörigen einer jedweiligen sozialen Klasse in der Kolonisierenden Gesellschaft liegt (vgl. Hund und Emmernik 2018: 269).

Aber wie wurde diese rassistische Ideologie propagiert, sodass sie als Legitimation für das koloniale Herrschaftssystem in der Bevölkerung der Kolonialisten anerkannt wurde und Unterstützung erfuhr?

---

1 Die Phasen und Erscheinungsformen werden hier nicht weiter aufgeführt, da sich in dieser Arbeit auf die Stützung des Kolonialen Herrschaftssystems durch rassistische Ideologie fokussiert wird. Literatur hierzu; Jürgen Osterhammel und Jan C. Jansen Kolonialismus Geschichte, Formen, Folgen

4

Sprache und Bilder, die eine Wirklichkeit von einer vermeintlich unterentwickelten Welt der „Anderen" erzeugte spielten hierbei eine bedeutende Rolle. Denn

> Sprache bzw. auch die Art und Weise, wie über die Realität gesprochen wird, formt und verändert diese wiederum. Sie prägt die Sprecher_innen, ihre Vorstellungen und die Kategorien, in denen gedacht wird [...]. Mit Sprache werden immer bestimmte Ziele verfolgt, Interessen vertreten und Meinungen gebildet. (glokal e.V. 2013: 20).

Zum Beispiel wurde verniedlichende Sprache wie etwa die Endung -ling genutzt um die politische RepräsentantInnen der kolonisierten Gesellschaft (Häuptling) ihre Autorität zu nehmen und sie sogleich als unmündig und unterentwickelt einzustufen (vgl. ebd.: 20-27). Damit wurde suggeriert, dass diese sich erst noch entwickeln müssten um auf die gleiche Ebene wie die der RepräsentantInnen der „modernen" Welt zu gelangen und um mündig zu sein für ein freies selbstbestimmtes Leben.

In diesen abwertenden Differenzierungspraktiken spielten auch frühe ethnographische Arbeiten eine bedeutende Rolle. Wie etwa die des Freiburger Anthropologe Eugen Fischer, der schwarz-weiße „Mischlingsgruppe" untersuchte und einen vermeintlich wissenschaftlichen Nachweis lieferte, dass die Mendelschen Vererbungslehren auch auf „Menschenrassen" übertragbar seien und so die Schlussfolgerung für etliche „Rassenkundler" ermöglichte die *weiße* Kultur als stärker und höherwertiger als die Schwarzer Menschen und POCs zu betrachten

(vgl. Seidler Christoph 2004: 36).

Dies sind nun nur zwei Beispiele von einer Masse an Differenzierungspraktiken die zur Propaganda der Unterentwicklung und Unmündigkeit beitrugen und die koloniale Herrschaft in der „westlichen" Welt rechtfertigten, da die beschriebenen Gesellschaften dadurch einen sozialen Stand einnahmen der nicht in der „westlichen" Gesellschaft vorhanden war und durch die Entwicklungsvorstellung der Kolonialisten unter jedweiligen sozialen Stand gestellt wurde der in „modernen" Gesellschaften existierte.

Die rassistischen Legitimationspraktiken der Kolonialzeit sind heute noch tief verankert im kollektiven Gedächtnis[2] und erfüllen immer noch ihr Ziel; die Rechtfertigung von (neo)kolonialen Strukturen durch die Differenzierung und Abwertung der „Anderen"[3]

Dies wird beispielsweise in rechten Diskursen um die Migrationspolitik deutlich in denen „statt Anerkennung des globalen Wohlstandsgefälles als Fluchtursache [...] Migration als Bedrohung angesehen und kriminalisiert [und] das Narrativ der kollektiven Unfähigkeit zu Fortschritt [...] als modernes Narrativ der Unterentwicklung fortgeführt " wird (Hund und Emmerik 2018: 296).

---

2 Hierzu; Erll Astrid Kollektives Gedächtnis und Erinnerungskulturen Eine Einführung 3. Auflage 2016
3 Zu „Kolonialer Diskurs als (Selbst-)Legitimationsstrategie" auch Frank, C. Michael 2012: 40-41. In *Schlüsselwerke der Postcolonial Studies*

Es ist zudem auch kein Zufall und nicht ohne geschichtlichen Hintergrund, dass Menschen mit Fluchterfahrungen oft als „Flüchtling" bezeichnet werden und damit auf einen Aspekt ihrer Persönlichkeit heruntergebrochen bzw. vereinfacht dargestellt werden[4]. Auch, dass immer wieder eine Anpassung an die westliche Gesellschaft und Werte gefordert wird steht in rassistisch kolonialer Kontinuitäten, denn dadurch wird Menschen mit Fluchterfahrungen abgesprochen wird, dass ihre eigens anerkannten Werte und Lebensformen nicht gleichwertig der „westlichen" Werte seien.

Somit kann Rassismus gegen MigrantInnen als Kontinuität der rassistischen Legitimationspraktiken der Kolonialisten gedeutet werden, denn (neo)koloniale Strukturen werden durch Rassismus gestützt, indem die Menschengruppen abgegrenzt werden und die „Anderen" nicht als vollständiges Mitglied der Gesellschaft anerkannt werden wodurch diesen eine Perspektive auf sozialen Gleichstellung verwehrt wird. Daraus lässt sich somit folgern, dass *weiß* sein über sozialen Stand, Anerkennung und ökonomische Möglichkeiten entscheidet (vgl. halle postkolonial 2020: 3) und so das Fortbestehen des Narrativ einer stärkeren *weißen* „Rasse" begünstigt respektive einen rassistischen Normalzustand legitimiert.

Aber warum erfährt der erfährt der Rassismus[5] in heute postkolonialen Bezügen immer noch solche Kontinuität?

Hier soll gemutmaßt werden, dass dies mit einer Erinnerungspolitischen Leerstelle[6] in der Aufarbeitung des Kolonialismus[7], die koloniale Erinnerungsabwehr fördert sowie mit der Unsichtbarkeit[8] von der Geschichte der „Anderen"[9] und somit einer mangelnden Repräsentation dieser zusammenhängt. Damit wird „die Loslösung des Wissens um die koloniale Vergangenheit von aktuellen Problemen […] und das weitgehend unreflektierte Fortwirken kolonialer Rassismen" begünstigt (Hund und Emmernik 2018: 292), denn wie Freiburg postkolonial es formuliert: „In der bundesdeutschen Gesichtspolitik [wird] '[e]twas, das sehr präsent war, heute […] systematisch nicht mehr gesehen oder gar aktiv ausgeblendet, [2]' wenn nicht gar positiv revisionistisch verklärt [...]"

(Buche Manuela 2010 zitiert nach Freiburg postkolonial: https://phase-zwei.org/hefte/artikel/postkolonialer-aktivismus-und-die-erinnerung-an-den-deutschen

kolonialismus134/fbclid=IwAR1uyAspjNMSuZGrrlYZhSLlJX5s2P0tAQhOYFaRAX7SVpmASTCPxSGlbi0).

4Vereinfachte Darstellung von komplexen Zusammenhängen in Gesellschaften war auch eine oft verwendete Legitimationspraxis, wodurch Gesellschaften in Gegensatz zu der komplexen „modernen" Gesellschaft betrachtet werden konnten (vgl. glokal e.V. 2013: 20-27).

5 Es soll nicht ausgeschlossen werden, dass Rassismus zwar immer auch mit postkolonialen Zusammenhängen steht bzw. gesehen werden kann (vgl. Bahl, Pfeiffer und Ruhland 2018: 381), aber die Frage nach warum Rassismus heute in bestimmten Kontexten fortbesteht auch mit anderen Bezugspunkten beantwortet werden kann

6 Hierzu; Deutscher Bundestag Drucksache 19/5130 19. Wahlperiode 18.10.2018

7 In dieser Arbeit wird dabei nur auf die Bundesdeutsche Politik Bezug genommm

8 Hierzu Spivak „Can the subaltern speak"

9 Mit „Anderen" soll hierbei auf die Differenzierungspraktiken des „Westens" verwiesen werden, die Stuart Hall in seinem Essay „Der Westen und der Rest" aufführt. So sollen die „Anderen" fort folgend für den „Rest" stehen

Die koloniale Erinnerungsabwehr und die mangelnde Repräsentation wird besonders deutlich in den Diskursen rund um die Forderungen von postkolonialen Initiativen[10] nach Umbenennung von Straßen, welche nach Funktionären des Kolonialismus benannt wurden.

Diesen Forderungen liegt zugrunde, dass Straßenschilder ein Denkmal darstellen (vgl. Biermann Kai 2018: http://www.zeit.de/wissen/2018-01/strassennamen-kolonialismus-rassismus-umbenennung-initiativen#strassennamen-info-4-tab), womit ein bewusst ehrendes Gedenken verbunden ist, da deren Benennung Überlegungen über den kollektiven Erinnerungswert einer historischen Persönlichkeit vorangehen.

Daraus lässt sich folgern, dass es auch eine bewusste Entscheidung ist eine *weiße* Perspektive auf Geschichte dominieren zu lassen und dadurch die Kämpfe gegen die Kolonialherrschenden nicht zu repräsentieren. Aus dieser Folgerung ergibt sich, dass *weiße* Gesichtsschreibung bzw. *weißes* Wissen als mehr Wert angesehen wird als die Kämpfe derer gegen diese Gewaltherrschaft.

Jene rassistische Repräsentationspolitik[11], welche antikoloniale Kämpfe Unsichtbar macht und Kolonialisten ehrt wird somit bei der Forderung nach Straßenumbenennungen der postkolonialen Initiativen kritisiert.

Die Reaktionen der Öffentlichkeit und betroffenen Nachbarschaft auf die Forderungen nach Straßenumbenennungen von Kolonialismus glorifizierenden Straßennamen lassen wiederum auf die Erinnerungspolitische Leerstelle hindeuten. Sehr offensichtlich ist die Loslösung und Verdrängung von kolonialen Zusammenhängen in Aussagen wie „'Die Diskussion ist unnötig!'"oder „'Die Geschichte liegt schon zu lange zurück und hat keine Relevanz!'" (Bechhaus-Gerst, Marianne 2018: 49-50). Aber auch in Aussagen wie „'Wir haben doch schon die NS-Zeit zu verarbeiten!'" (Bechhaus-Gerst, Marianne 2018: 50) lassen Schlüsse auf eine Erinnerungspolitik ziehen, die den romantisierenden bis apologetischen Haltungen, welche dem Bedürfnis eines Teils der Bevölkerung nach einen positiven identitätsstiftenden Part der deutschen Geschichte, der im Gegensatz zu der des Nationalismus steht, Ausdruck verleiht (vgl. Bechhaus-Gerst und Zeller 2018: 16), wenig entgegenzusetzen hat. In Verbindung hierzu stehen auch Aussagen wie „'Es war doch nicht alles schlecht!'", „'Wir haben aber doch Schulen, Krankenhäuser und Straßen da unten gebaut!'" (Bechhaus-Gerst Marianne 2018: 53) was eine Romantisierung bzw. Verniedlichung des Kolonialismus darstellt und dadurch wieder die rassistische Zuschreibung der Unterentwicklung

---

10 Es werden auch von PolitikerInnen und anderen Gruppen Forderungen nach Straßenumbenennungen von Kolonialismus glorifizierenden Straßenschildern gestellt. Hier wird sich doch nur auf die der postkolonialen Initiativen bezogen, da diese eine Mehrheit der Forderungen stellen.

11 „Für den Soziologen Stuart Hall ist die Produktion und das Regieren von Differenz die Hauptleistung eines Repräsentationsregimes [...] Differenzpolitik ist also im Sinne Halls Repräsentationspolitik "
http://www.bpb.de/apuz/180863/repraesentationspolitik-in-der-postmigrantischen-gesellschaft?p=all#footnode1-1

und Unmündigkeit gegenüber den Kolonisierten Gesellschaften hervortritt (s. o). und die Mangelnde Aufarbeitung der Kolonialgeschichte hervorhebt.

Die koloniale Erinnerungsabwehr, welche aus einer Erinnerungspolitischen Leerstelle heraustritt und rassistische Repräsentationspolitiken die antikoloniale Kämpfe unsichtbar machen und sogleich den Kolonialismus glorifizieren „ermöglichen bis heute das weitgehend unbeantwortete Fortwirken von kolonial rassistischen Topoi in der deutschen Kultur, in der globalen Entwicklungszusammenarbeit sowie im Umgang der deutschen Mehrheitsgesellschaft mit Einwanderung und Geflüchteten" (Hund und Emmernik 2018: 297).

1.1 „Postkolonialität" und Postcolonial Studies

Aufgrund der vorangegangen Erläuterung der Erinnerungsabwehr und rassistischer Repräsentationspolitik kann es als eine wichtige Zielsetzung zur Dekolonisierung[12] gesehen werden „auf die Kontinuitäten in den Diskursen und Präsentationen von der Kolonialzeit bis heute hinzuweisen" (Bechhaus-Gerst und Zeller 2018: 16), was auch eine grundlegende Bestrebung der Postcolonial studies und Postkolonialen Initiativen darstellt.

Weswegen auch hier „Postkolonialität" bzw. Postkolonial als ein diskurskritischer und nicht chronologischer Begriff definiert werden soll. Wodurch „„,'Postkolonialität'" [...] nicht als ein zeitliches nacheinander sondern als ein *Darüber hinaus* verstanden" (Bechhaus-Gerst und Zeller 2018: 13) wird. Sogleich soll dabei Diskurs als sozial konditioniert und konstruiert verstanden werden womit das Verhältnis von Sprache und Macht verdeutlicht werden soll (vgl. Bechhaus-Gerst und Zeller 2018: 14-15).

Nun abgesehen von der wissenschaftlichen und aktivistischen Behandlung der Kontinuität von Rassismen mit postkolonialen Bezügen ist der Diskurs um „Postkolonialität" von wenig anderen Gesellschaftsgruppen geprägt und es klingt ein geschichtsrevisionistischer[13] Durchschnittston in der Bevölkerung weiter.

Weswegen Gerst und Zeller attestieren, dass „man noch weit entfernt [davon sei] die „breite Öffentlichkeit" in den Diskurs miteinzubeziehen und die Kontinuität von kolonialen Rassismen auch in der breiten Öffentlichkeit zum Thema zu machen" (Bechhaus-Gerst und Zeller 2018: 16). Aber warum läuft der Postkoloniale Diskurs so fernab der „breiten Öffentlichkeit"[14]?

---

12 Dekolonisierung soll hier als „Dekonstruktion populärer Konstruktionen von vermeintlich „'Anderen'" (Bechhaus-Gerst, Marianne 2018: 54) und damit den Abbau von postkolonialen Strukturen definiert werden.
13 Geschichtsrevisionistisch wird hierbei als Relativierung Kolonialer Vergangenheit gesehen
14„Die „Öffentlichkeit" als einheitliches Zielpublikum gibt es allerdings nicht, weshalb der Begriff hier durchweg nur in Anführungszeichen verwendet wird" (Bechaus-Gerst, Marianne 2018: 53).

1.2. Beziehung Wissenschaft und Öffentlichkeit

Hierzu kann die Akademisiertheit des Diskurses um Postkolonialität angeführt werden, da sich zum einen in den Postcolonial Studies weniger mit der lokal kolonialen Geschichte auseinander gesetzt wird (Bechhaus-Gerst, Marianne 2018: 52), wo Bezugspunkte zur Lebenswirklichkeit auch für Themenfremde bestehen und wissenschaftliche Publikationen oft allgemeine oder überregionale Bezüge setzen.

Zudem kommt, dass ein Großteil von Veröffentlichungen der Postcolonial Studies nicht die „breite Leserschaft" adressiert und das hohe sprachliche Niveau Abwehrreaktionen der außeruniversitären Leserschaft hervorruft (Bechhaus-Gerst, Marianne 2018: 54).

Außerdem werden von postkolonialen Initiativen Infoveranstaltungen, Websites und Ausstellungen, die sich genau das Ziel setzten die „breite Öffentlichkeit" anzusprechen, meist nur Leute angesprochen die schon für ähnliche Themen sensibilisiert sind und oft aus dem universitären Umfeld kommen (Bechaus-Gerst, Marianne 2018: 53).

Dies kann in Verbindung dazu gesehen werden, dass oftmals keine Vernetzung zu sozialen Bewegungen stattfindet, die sich mit der Kontinuität der Ungleichheitsverhältnisse konfrontiert sehen und diese mit bestimmten Forderungen nach sozialer Gleichstellung sichtbar machen wollen. So kontrastiert Manuela Buche „Die Forderungen nach Repräsentation [der postkolonialen Initiativen] und sozialer Gleichstellung als zwei Pole einer neuen postkolonialen Bewegung" (Buche, Manuela 2010: https://phase-zwei.org/hefte/artikel/postkolonialer-aktivismus-und-die-erinnerung-an-den-deutschen kolonialismus134/fbclid=IwAR1uyAspjNMSuZGrrlYZhSLlJX5s2P0tAQhOYFaRAX7SVpmAST CPxSGlbi0).

Wenn die „breite Öffentlichkeit" in den Postkolonialen Diskurs mit eingebunden werden soll müssten also neue Wege gefunden werden, lokale Bezüge in den Postcolonialstudies zu thematisieren, wissenschaftliche Werke so zu „übersetzen", dass sie für eine außeruniversitäre Leserschaft verwertbar bleibt und diese anspricht sowie die Vernetzung zwischen Postkolonialen Initiativen und sozialen Bewegungen und somit die Verbindung von Forderungen nach Repräsentation und sozialer Gleichstellung gefördert werden.

All diesen Ansprüchen steht einbeschrieben in den Konflikt zutreten mit bislang gesetzten Normen, Konventionen und Differenzen.

In die Ausstellung „Thinking with and through Dr. Wilhelm Amo" sollen auch ethnologische Beiträge einfließen. So stellt sich in Bezug auf die vorangegangen Erläuterung zur Öffentlichkeit postkolonialer Themen die Frage: Welchen Nährwert ethnologisches Wissen bzw. ethnographische

Methoden für die Zugänglichkeit postkolonialer Themenfelder für die „breite Öffentlichkeit" haben und inwiefern durch Public Anthropology[15] die Kontinuität von Rassismus sichtbar werden kann.

2. Ethnographische Methoden und Wissen als Nährwert für die Erweiterung der Öffentlichkeit des postkolonialen Diskurses

Die postmoderne Ethnologie beschäftigt sich mit einer Bandbreite von Themen, die das menschliche Leben und Zusammenleben von Menschen und anderen Spezien[16] und ihrem Bezug zu ihrer Umwelt betreffen. Interessant für den Postkolonialen Diskurs erscheinen hierbei Fragen der Kulturanthropologie wie etwa von Gupta und Furguson nach der Art und Weise wie Differenz zwischen Kulturen in einer globalisierten Welt gemacht werden, in der eine Hybridität von Kultur in verschiedensten Arten zu verzeichnen ist (vgl. Gupta und Ferguson 1992: 6-8). Denn hierbei kann die Frage angereiht werden wie Differenzierungspraktiken mit kolonialen Bezügen[17] immer noch fortbestehen können und was diese in aktuellen gesellschaftlichen Diskursen für Funktionen haben. Zudem können gegenwärtige rassistische Differenzierungspraktiken mit einem sozial anthropologischen Blick auf lokaler Ebene durch Feldforschungen und teilnehmende Beobachtungen analysiert werden und Schlüsse auf die globalen Verbindungen dieser Strukturen verdeutlicht werden. Also von etwas lokal Beobachteten (small places) Verbindungen zu globalen Zusammenhänge (large issues) deutlich gemacht werden (vgl. Hylland Erikson, Thomas 2015: 3). Deshalb können ethnologische Betrachtungsweisen, die das globale in lokalen Bezugspunkten verorteten, dazu dienen beispielsweise das globalen Wohlstandstandgefälle, welches aus der kolonialen Vergangenheit erwachsen ist, in lokalen Diskursen, wie etwa die rundum Migrationspolitik, sichtbar zu machen und die Verbindungen auf die lokale Lebenswirklichkeit der Menschen zu übertragen, welche in den postkolonialen Diskurs miteinbezogen werden sollen (vgl. Münster, Daniel 2012: 199)

Außerdem hat „[...] ethnologische Forschung eine [...] lange Geschichte der anti-hegemonialen[18] politischen Kritik sowie der im ethnologischen Projekt angelegten Destabilisierung eurozentrischer kultureller und gesellschaftlicher 'Normalitäten' [...]" (Münster, Daniel 2012: 191). So tritt die heutige Ethnologie oft in Konflikt mit existierenden Gesellschafts- und Ungleichheitsverhältnissen indem sie diese in Ethnographien sichtbar macht. „Die besondere Stärke der Ethnografie liegt [also]

15"Public Anthropology" zielt darauf ab für ethnologische Themen, die oft noch wenig im öffentlichen Diskurs zu finden sind Bewusstsein und Interesse zu schaffen beziehungsweise einen Diskurs über jene in der Öffentlichkeit anzuregen. Sie beschäftigt sich also zentral mit der Frage wie anthropologische Themen Eingang in den öffentlichen Diskurs finden können.
16 Hierzu z.B. Anna Tsing „The mushroom at the and of the world"
17 Hierzu z.B. Stuart Hall „Der Westen und der Rest"
18 Hier wird auf das Hegemonie Konzept von Antonio Gramsci verwiesen, auf welches verschide postkoloniale Theorien aufbauen; hierzu Habermann Friederike 2012: 21-26

darin, dass sie wie kaum ein wissenschaftliches Genre, auch kritische Theorien der globalen Gegenwart […], mit den Stimmen der Marginalisierten empirisch 'erden' und in Frage stellen kann" (Münster, Daniel 2012: 199).

So besetzt soziale Kritik in lokalen Bezügen ein zentrales Thema der postmodernen Ethnologie und kann als Verknüpfungspunkt der Postkolonialen Initiativen und sozialer Bewegungen gegen Ungleichheitsverhältnisse genutzt werden. Denn „social criticism, involves a reflective comparison between the normative beliefs shared within a society and the actual behaviors and institutions found therein" (Singer, Merill 2017: 154). Dadurch kann in ethnologischen Forschungen analysiert werden warum zum Beispiel die allgemein anerkannten Recht auf Gleiche Behandlung (Artikel 3 Absatz 3):

> Niemand darf wegen seines Geschlechtes, seiner Abstammung, seiner Rasse, seiner Sprache, seiner Heimat und Herkunft, seines Glaubens, seiner religiösen oder politischen Anschauungen benachteiligt oder bevorzugt werden. Niemand darf wegen seiner Behinderung benachteiligt werden (Grundgesetz 2019: 2).

für manche gesellschaftliche Gruppen aufgrund strukturellen Rassismus effektiv nicht angewandt werden und wie dies mit „Postkolonialität" in Verbindung steht. Dieser Blickwinkel macht demnach eine „Dekolonisierung möglich, die über das Recherchieren und sichtbar machen kolonialer Relikte hinausgeh[t] und dabei die Vernetzung mit internationalistischen und rassismuskritischen Zusammenhängen naheleg[t]" (Bahl, Pfeiffer und Ruhland 2018: 378).

Somit wird der Nährwert von ethnologischen Wissens und ethnographischen Methoden für das Miteinbeziehen bzw. Adressieren der „breiten Öffentlichkeit" verdeutlicht durch die Möglichkeit mit ethnologischen Ansätzen die Herrstellung und das Fortwirken von Differenzpraktiken zu analysieren, Bezugspunkte zur Lebenswirklichkeit der Bevölkerung durch die Verbindung von lokalen Strukturen zu globalen Zusammenhängen herzustellen sowie die Möglichkeit Anknüpfungspunkte für Postkoloniale Initiativen zu sozialen Bewegungen durch *social criticism* zu schaffen.

Nun bleibt noch die Frage offen wie dieses ethnologische Wissen Öffentlichkeit(en) außerhalb universitärer und aktivistischer Kreise findet und so „Postkolonialität" für die „breite Öffentlichkeit" zugänglich macht. Dabei stellen sich zunächst grundlegende Frage aus der Public Anthropology zu *Public, Counterpublic* und Diskurs.

2.1. Erinnerungskultur als Spannungsfeld zwischen Public und Counterpublic

Ausgehend davon, dass „[j]egliche Erinnerungskultur […] sich in dem Spannungsfeld zwischen Erinnern und Vergessen [bewegt und] [k]ollektive Erinnerungspraxis [...] nicht etwas abgeschlossen statisches [ist] sondern [...] sich in stetem Fluss [befindet und] öffentlichen [...] Aushandlungsprozessen [unterliegt] und umkämpft [ist][...]" (Zeller, Joachim 2018: 336), kann gefolgert werden, dass im öffentlichen Diskurs um das koloniale Erbe bestimmt wird welche Geschichte(n) sichtbar und unsichtbar werden bzw. bleiben. Wodurch jener Diskurs Wirklichkeit schafft. Denn wie Said weiter erläutert:

> '[...] texts[19] can create not only knowledge but also the very reality they appear to describe. In time such knowledge and reality produce a tradition, what Michel Foucault calls a discourse, whose material weight. not the originality of a given author, is really responsible for the texts produced out of it' (Frank, Michael C. 2012: 41-42, zitiert nach Said 1995:94)

Somit wird Wirklichkeit durch das Wechselspiel zwischen Texten und deren *Public*[20] geschaffen, die diese adressieren (Warner, Michael 2002: 50). In Diskursen ist so immer ein ringen um Macht einbeschrieben die dominierenden Auslegung der Wirklichkeit zu bestimmen und somit auch ein ringen um Aufmerksamkeit der Öffentlichkeit (vgl. Warner, Michael 2002: 60-61). *A Public* als diskursiver Raum, gilt damit immer als sozial konditioniert und konstruiert. So beschreibt Warner *A Public* als "a social space created by the reflexive circulation of discourse" (Warner, Michael. 2002: 62). Daraus lässt sich folgern, dass die Zirkulation eines Textes stets fortgeführt werden muss damit dieser eine Öffentlichkeit schafft bzw. behält. Eine Veröffentlichung allein schafft demnach keine *Public*, diese entsteht nur durch die Verbindungen bzw. Aufeinanderbeziehen von Texten respektive deren Verkettung im Laufe der Zeit (vgl. Warner Michael 2002: 68-69).

Aus der Prämisse, dass immer eine Auslegung der Wirklichkeit in einem Diskurs dominiert und so reflexiv reproduziert wird, stehen alle Texte die, die dominierende Auslegung der Wirklichkeit und damit einhergehende Ideen und Sprache nicht teilen in Konflikt mit dieser und deren Public, da deren Belange durch diese hierarchische Konstruktion unsichtbar bleiben und somit unrepräsentiert und unwirklich. Durch diese Konfliktstellung zur dominanten *Public* charakterisiert sich so eine *Counterpublic* (Warner, Michael 2002: 86).

---

19 Es kann in diesem Kontext auch von anderen Medienformaten ausgegangen werden
20 *Public* geht im Folgenden auf die Definitionen von Michael Warner zurück: „A public is a space of discourse organized by nothing other than discourse itself. It is autotelic; it exists only as the end for which books are published, shows broadcast, Web sites posted, speeches delivered, opinions produced. It exists *by virtue of being addressed*. [There is] a kind of chicken-and-egg circulation" (Warner, Michael 2002: 50) between a Text and its Public.

Wie zeigen sich nun *Public* und *Counterpublic* in Diskursen um Erinnerungskultur und das koloniale Erbe? Inwiefern können Rassismus und „Postkoloinalität" als ein *Darüber hinaus* des Kolonialismus in diesen sichtbar werden?

2.2 Konflikt und Sichtbarkeit

In dem Diskurs um Erinnerungskultur dominiert außerhalb akademischer und aktivistischer Kreise, also in der „breiten Öffentlichkeit"[21], immernoch ein abgeschlossenes bzw. chronologisches Verständnis von (Post)kolonialismus (siehe 4-5), das eine Aufarbeitung der Kolonialzeit und die Bearbeitung der damit einhergehende Kontinuität von Rassismus hemmt und sogleich antikolonialer Kämpfe und Rassismus unsichtbar macht (siehe 5-6).

Aufgrund dieser dominierenden Auslegung der Geschichte in der „breiten Öffentlichkeit", prägt diese die Wirklichkeit, was sich im rassistischen Normalzustand zeigt (hallepostkolonial 2020: 3). Postkoloniale Initiativen, die sich gegen diese Auslegung der Kolonialgeschichte positionieren können wegen dieser Konfliktstellung als *Counterpublic* gesehen werden.

Jene Konfliktposition mit der dominaten *Public* lässt sich anhand der Forderungen nach Straßenumbennungen von Postkolonialen Initiativen (siehe 5-6) verdeutlichen. Auch soll in diesem Beispiel verdeutlicht werden wie durch das In-konflikt-treten der *Counterpublic* mit der dominanten *Public* dazu genutzt werden kann bzw. wird die Sichtbarkeit der Counterpublic und deren Belange im Diskurs zu stärken.

Durch die Forderungen nach Straßenumbenennungen kolonial Zeit glorifizierender Straßennamen treten Postkoloniale Initiativen in Konflikt mit der rassistischen Erinnerungskultur die in der breiten Öffentlichkeit herrscht. Zum einen wird dies in den Kommentaren zu Presseartikeln zu deren Forderungen nach Straßenumbenennungen deutlich, da dadurch die Abwehrhaltungen der GegnerInnen und die allgemeine geschichtsrevisionistische Haltung in der *Public* sichtbar werden (siehe 5-6). Durch das Bezug nehmen der Presseartikel auf die Gründe der Forderungen werden aber auch die Verbindung zu kolonialen Legitimationspraktiken in der Öffentlichkeit sichtbar und diskursiv behandelt. Aufgrund der Verkettung beider bzw. verschiedener Postionen zirkulieren die Texte zu diesen reflexiv und schaffen so eine Diskurs, der mehrere *Public* mit einschließt.

Durch die größere Öffentlichkeit und der lokal politischen Zuständigkeit für Straßen(um)bennungen wird der Konflikt sodann politisch relevant (Bechhaus-Gerst, Marianne: 52), wodurch die Forderungen postkolonialer Initiativen Repräsentation in der Lokalpolitik erfahren, (nd 2018: https://www.neues-deutschland.de/artikel/1085150.kolonialismus-neue-strassennamen-fuer afrikanisches-viertel-in-berlin.html).

---

21 bei Warner 2002 *the public*

Aufgrundlage dessen kann der Schluss gezogen werden, dass durch die Verkettung von verschiedenen lokalen Forderungen zu „Postkolonialität", sei es von postkolonialen Initiativen oder PolitikerInnen, über einen längeren Zeitraum auch zu einer Repräsentation des Konflikts und somit einer Sichtbarkeit Rassismen mit (Post)kolonialen Bezügen auf bundespolitische Ebene führen kann (siehe Deutscher Bundestag Drucksache 19/5130 19).

Somit wird die Position der Postkolonialen Bewegungen als *Counterpublic* in einer außeruniversitären Öffentlichkeit durch ein In-Konflikt-tretten gestärkt beziehungsweise sichtbar und beeinflusst so durch diese Repräsentation die gegenwärtige Erinnerungskultur.

Was kann nun aus den Erläuterungen der vorangegangen Kapiteln, für die Möglichkeit durch Public Anthropology Rassismus in postkolonialen Bezügen sichtbar zumachen gefolgert werden? Wie können diese Erkenntnisse auf die Arbeit mit dem Blog bzw. der Ausstellung „Thinking with and through Dr. Wilhelm Amo" übertragen werden?

3. Public Antropology und "Thinking with and through Dr. Wilhelm Amo"

Durch die Arbeit mit dem EthnoBlog eröffnet sich die Möglichkeit ethnologische und künstlerische Beiträge aus dem Seminar „Der Verborgenheit abgerungen eine Bewegung sichtbar machen "für ein breites Publikum zumindest abrufbar zu machen. Damit die Beiträge des Seminars durch den Blog auch eine außeruniversitäre Public erreichen können bzw. adressieren müssten den Erläuterung aus *2. Ethnographische Methoden und Wissen als Nährwert für die Erweiterung der Öffentlichkeit des postkolonialen Diskurses* zufolge Verknüpfungen zu aktuellen Themen, allgemeiner sozialer Kritik oder sozialen Bewegungen geschaffen werden damit diese Arbeiten auch als Public Anthropology angesehen werden könne, in Voraussetzung, dass dies von den AutorInnen gewünscht ist, was noch erodiert werden muss. Dies könnte sodann über Hashtags respektive Verweise von und zu der Website der Ausstellung, zu Arbeiten der KünstlerInnen, Pressartikeln oder Radiobeiträge geschehen. Diese möglichen Verknüpfungen und ihren Nährwert für die Zugänglichkeit ethnografischer Arbeiten, die sich mit der Kontinuität von Rassismus im (post)kolonialen Kontext befassen, herausstellen.

In der Ausstellung "Thinking with and through Dr. Wilhelm Amo" arbeiten verschiedenste KünstlerInnen, wobei sich viele mit der Kontinuität von Rassismus in Verbindung mit den Arbeiten und dem Leben Amos beschäftigen. Hierbei handelt es sich zum Beispiel um Beiträge wie das Gedicht „race of doubt" von Olivier Guesselé-Garai der Bezug zur sozialen Bewegung Blacklivesmatter nimmt. So könnten Verknüpfungen bzw. "Verlinkungen" von ethnologischen Arbeiten die sich mit der Kontinuität von Rassismus und Amos Leben und philosophischen

Arbeiten beschäftigen zu künstlerischen Arbeiten der Ausstellung erstellt werden. Dadurch kann eine Verkettung von Öffentlichkeiten geschaffen werden, da künstlerische Beiträge anders rezipiert werden und somit andere *Public* ansprechen.

Zudem könnte aufgrund der Kooperation der Ausstellung und des Seminars mit dem Amo Bündnis Braunschweig, das sich als postkoloniale Initiative versteht (vgl. https://web.facebook.com/Amo-Braunschweig-Postkolonial-609014799541947/?_rdc=1&_rdr) die Kontinuität von Rassismus durch ein In-konflikt-treten mit der Repräsentationspolitik der Stadt, welche durch die Straßen Otto Finsch-Straße und Lüderizt-straße (freedom-roads: http://www.freedom-roads.de/frrd/staedte.htm) im Norden von Braunschweig Kolonialisten ehrt, geredet werden. Durch die ambivalente Stellung der Stadt, die die Ausstellung fördert aber Kolonialismus im öffentlichen Raum unbearbeitet lässt oder nicht bemerkt, könnte ein interessanter Diskurs entstehen, der Rassismen auch in einer Öffentlichkeit außerhalb der Ausstellung oder universitären Kreisen des Ethnoblogs sichtbar macht und sogleich lokal kontextualisiert.

Außerdem könnte in dem Blog auch Verbindungen zu aktuellen Themen die in Bezug zu der Kontinuität von Rassismen mit kolonialen Bezügen veröffentlicht werden, wie etwa die Situation der Geflüchteten in der zentralen Aufnahme Stellen wie zum Beispiel in Halberstadt, die sich nicht nur in "Coronazeiten", rassitischen Sturkturen ausgesetzt sehen (halle-gegen-rechts 2020: https://www.halle-gegen-rechts.de/attachments/article/411/2020-04-12_Offener_Brief_ZASt.pdf).

Bei der Verbindung von ethnologischen Themen zu aktuellen Diskursen kann somit das von Fassin beschriebene "window of opportunity" genutzt werden, welches den Zeitraum beschreibt in dem bestimmte ethnologische Themen Relevanz für die außeruniversitäre Öffentlichkeit werden aufgrund aktuellen Geschehnissen (vgl. Fassin, Didier 2017: 312).

Zudem kann die Kontinuität von Rassismen in dem Blog durch eine Gegenüberstellung von Aspekten Dr. Wilhelm Amos Lebens und philosophischen Werken und heutigen rassistischen Äußerungen und Strukturen Bezüge herausgearbeitet werden, welche für Öffentlichkeit(en) außer akademischer Kreise auch interessant gestalten können. Eine wichtige Arbeit hierbei kann somit die "Übersetzung" Amos philosophischer Werke darstellen, sowie deren Kontextualisierung und die Verbindung dieser zu außeruniversitären Kreisen herzustellen.

Auch kann es sich als interessant und nachhaltig erweisen das "Afterlife" der ethnologischen und künstlerischen Beiträge die im Blog veröffentlicht werden und in Verbindung mit der Ausstellung zu verfolgen, denn wie Fassin erläutert besteht speziell durch die Analyse von Kritik zu veröffentlichten Ethnographien die Möglichkeit die ethischen Dimension von der Arbeiten zu überprüfen (vgl. Fassin, Didier 2017: 323).

Fazit

Abschließend kann gefolgert werden, dass die Thematisierung des Lebens und der philosophischen Werke Dr. Wilhelm Amos die Möglichkeit bietet im Seminar „Der Verborgenheit abgerungen eine Bewegung sichtbar machen" ethnologische Beiträge zu schaffen, welche die Kontinuität von Rassismus in Postkolonialen Bezügen herausstellen. Durch die Verbindung der Veröffentlichung dieser Arbeiten im "Ethnologie Blog", mit den Beiträgen der Ausstellung "Thinking with and through Dr. Wilhelm Amo" und der Verknüpfung zu sozialen Bewegungen respektive aktuellen Themen können diese auch einen Beitrag zur Sichtbarkeit der Kontinuität von Rassismus in einer außeruniversitären Öffentlichkeit darstellen und somit als "public ethnographies" bezeichnet werden. Hierzu würde sich sodann interessant gestalten das "Afterlife" jener Ethnographien zu verfolgen.

Doch vielleicht könnten diese Ambitionen der Verknüpfung zu sozialen Bewegungen und die Verbindung zu Werken der Ausstellung und der Versuch einen außeruniversitäre Öffentlichkeit mit einem Ethnoblog zu erreichen auch als etwas utopistisch angesehen werden gelingt es doch nur wenigen EthnographInnen durch ihre Arbeiten eine Diskussion in der "breiten Öffentlichkeit" anzuregen. Doch macht dies das Ziel dadurch nicht weniger erstrebenswert und die Frage für wen und für was eigentlich ethnographisches Wissen geschaffen nicht weniger wichtig zu stellen.

In der ersten Sitzungen des Seminars hat sich bis jetzt noch kein Fokus auf die Verwertbarkeit der Beiträge für die Adressierung bzw. Schaffung einer Öffentlichkeit außerhalb akademischer Kreise abzeichnen lassen, worauf ich doch in weiteren Sitzungen Bezug nehmen möchte und gespannt bin wie dies aufgenommen und kommentiert wird. Des weiteren gestaltet sich die Diversität der Blickwinkel überaus spannend. Von EthnologInnen war zum Teil ein umfassendes Wissen um die philosophischen Werke Amos und deren Verbindungen zu antirassistischen Philosophie zu erkennen von der künstlerischen Seite ergangen sich viele Fragen zu Amos Persönlichkeit und Lebensgeschichte, durch Zusammenarbeit mit postkolonialen Bündnissen und eigenen anderen Teilnehmenden kamen interessante Argumente zu antirassistischer Sprache zur Diskussion.

Die Diversität der Beiträge im Seminar selbst biete demnach schon Ansatzpunkte zu vermuten, dass die Arbeiten die aus diesem heraus entstehen diverse Öffentlichkeiten ansprechen könnten vielleicht auch außeruniversitäre und jene die sich noch nicht für "Postkolonialität" oder ähnliche Themen sensibilisiert haben.

Persönlich bin ich gespannt welche Anstöße die Zusammenarbeit im Seminar zur Selbstruflektion unbewusster diskriminierender Haltungen bereithält und inwiefern sich Public Anthropology im Seminarkontext umsetzen lässt.

Literaturverzeichnis

Art. 3 Grundgesetz für die Bundesrepublik Deutschland in der im Bundesgesetzblatt Teil III, Gliederungsnummer 100- 1, veröffentlichten bereinigten Fassung, das zuletzt durch Artikel 1 des Gesetzes vom 15. November 2019 (BGBl. I S. 1546) geändert worden ist.

Bahl, Eva, Pfeiffer Zara und Ruhland, Katharina. 2018. „München dekolonialisieren: Von kleinen Schritten und überschaubaren Erfolgen". In *Deutschland Postkolonial: Die Gegenwart der imperialen Vergangenheit*, hrsg. v. Marianne Bechhaus-Gerst und Joachim Zeller, 336-365. Berlin.: Metropol.

Bechhaus-Gerst, Marianne. 2018. „Decolonize Germany?: (Post)Koloniale Spurensuche *in der Heimat zwischen Lokalgeschichte, Politik, Wissenschaft und »Öffentlichkeit«."* *WerkstattGeschichte* in Bewegung (75): 49-55. https://werkstattgeschichte.de/abstracts/nr-75-marianne-bechhaus-gerst/.

Bechhaus-Gerst, Marianne und Zeller, Joachim. 2018. „Einführung." In *Deutschland Postkolonial: Die Gegenwart der imperialen Vergangenheit* , hrsg. v. Marianne Bechhaus-Gerst und Joachim Zeller, 269-297. Berlin.: Metropol.

Biermann, Kai. 2018. „Völkermordstraße: Nationalsozialisten oder Stalinisten werden selbstverständlich nicht mehr mit Straßennamen geehrt. Doch koloniale Völkermörder finden sich im Straßenbild noch viele." *Die Zeit*, Januar 28, 2018. https://www.zeit.de/wissen/2018-01/strassennamen-kolonialismus-rassismus-umbenennung-initiativen#strassennamen-info-4-tab (aufgerufen 22.04.2020).

Buche, Manuela. „Postkolonialer Aktivismus und die Erinnerung an den deutschen Kolonialismus Die Forderungen nach Repräsentation und sozialer Gleichstellung als zwei Pole einer neuen postkolonialen Bewegung." *Phase-zwei.* https://phase-zwei.org/hefte/artikel/postkolonialer-aktivismus-und-die-erinnerung-an-den-deutschen-kolonialismus-134/?fbclid=IwAR1uyAspjNMSuZGrrlYZhSLlJX5s2P0tAQhOYFaRAX7SVpmASTCPxSGlbi0 (aufgerufen 22.04.2020)

Conrad, Sebastian. 2012. *Kolonialismus und Postkolonialismus: Schlüsselbegriffe der aktuellen Debatte.* https://www.bpb.de/apuz/146971/kolonialismus-und-postkolonialismus (aufgerufen 22.04.2020).

Deutscher Bundestag Drucksache 19/5130 19. Wahlperiode 18.10.2018 Antwort der Bundesregierung auf die Kleine Anfrage der Abgeordneten Dr. Kirsten Kappert-Gonther, Erhard Grundl, Margit Stumpp, weiterer Abgeordneter und der Fraktion BÜNDNIS 90/DIE GRÜNEN – Drucksache 19/4177 – Kulturpolitische Aufarbeitung der deutschen Kolonialzeit. http://dipbt.bundestag.de/dip21/btd/19/051/1905130.pdf (aufgerufen 22.04.2020).

Eriksen, Thomas Hylland. 2015. "Anthropology: Comparison and Context." In *Small Places Large Issues*: An Introduction to Social and Cultural Anthropology, 1-12. London: Pluto

Fassin, Didier. 2017. "Epilogue". In *If Truth Be Told: The Politics of Public Ethnography* hrsg. v. Didier, Fasssin. Durham: Duke University Press.

Frank, Michael C.. 2012. „Diskurs, Diskontinnität und historisches Apriori. Michel Foucaults »Die Ordnung der Dinge«, »Archäologie des Wissens« und »Die Ordnung des Diskurses«." In *Schlüsselwerke der Postcolonial Studies,* hrsg. v. Julia Reuter und Alexandra Karentzos, 39-50. Wiesbaden.: Springer VS.

Freedom-roads. http://www.freedom-roads.de/frrd/staedte.htm (aufgerufen 22.04.2020)

Glokal e.V.. Hg. 2013. *Mit kolonialen Grüßen...: Berichte und Erzählungen von Auslandsaufenthalten rassismuskritisch betrachtet.* Berlin: hinkelsteindruck sozialistische GmbH

Gupta, Akhil and James Ferguson. 1992. "Beyond "Culture": Space, Identity and the Politics of Difference." Cultural Anthropology 7: 6-23.

Habermann, Frederike. 2012. „Mehrwert, Fetischismus, Hegemonie. Karl Marx' »Kapital« und Antonio Gramscis »Gerangnishefte«." In *Schlüsselwerke der Postcolonial Studies,* hrsg. v. Julia Reuter und Alexandra Karentzos, 17-26. Wiesbaden.: Springer VS.

Hall, Stuart. 1995. „Der Westen und der Rest: Diskurs und Macht." In Rassismus und kulturelle Identität, 137-179. Hamburg: Argument Verlag.

Halle Postkolonial. 2020. *(Un)Sichtbare Geschichte(n). Antikolonialer Widerstand und Halle.* https://halleantikolonialbroschuere.wordpress.com/ (aufgerufen 05.04.2020).

halle-gegen-rechts. 2020: https://www.halle-gegen-rechts.de/attachments/article/411/2020-04-12_Offener_Brief_ZASt.pdf (aufgerufen 20.04.2020).

Hund, Wulf D. und Emmernik, Malina. 2018. „Rassismus und Kolonialismus." In *Deutschland Postkolonial: Die Gegenwart der imperialen Vergangenheit* , hrsg. v. Marianne Bechhaus-Gerst und Joachim Zeller, 269-297. Berlin.: Metropol.

Münster, Daniel. 2012. „Postkoloniale Ethnologie. Vom Objekt postkolonialer Kritik zur Ethnografie der neoliberalen Globalisierung." In *Schlüsselwerke der Postcolonial Studies,* hrsg. v. Julia Reuter und Alexandra Karentzos, 191-202, Wiesbaden.: Springer VS.

Osterhammel, Jürgen und Jansen, Jan C.2012. *Kolonialismus Geschichte, Formen, Folgen.* München: C.H. BECK

Seidler Christoph. 2004. *Opfer ihrer Erregungen - Die deutsche Ethnologie und der Kolonialismus.* In *iz3w* 276 (April/Mai 2004): 36-38.

Singer, Merill. 2017. „Public Anthropology and structual Engagement. Making Ameliorating Social Inequality Our Primary Agenda." In *Public Anthropology in a Borderless World.* hrsg. v. Sam Beck Carl A. Maida, 144-161. New York.: Berghahn Books

Tsiano, Vassilis S. und Karakayali, Juliane. 2014. *Rassismus und Repräsentationspolitik in der postmigrantischen Gesellschaft.* https://www.bpb.de/apuz/180863/repraesentationspolitik-in-der-postmigrantischen-gesellschaft?p=all#footnode1-1 (aufgerufen 22.04.2020)

Warner, Michael. 2002. "Publics and Counterpublics". *Public Culture.* New York: Zone Books

Zeller, Joachim. 2018. „(Post-)kolinale Gedächtnistopographien in Deutschland". In *Deutschland Postkolonial: Die Gegenwart der imperialen Vergangenheit*, hrsg. v. Marianne Bechhaus-Gerst und Joachim Zeller, 336-365. Berlin.: Metropol.